PE. REGINALDO MANZOTTI

PÍLULAS DE SABEDORIA

petra

Copyright © 2019 by Pe. Reginaldo Manzotti

Direitos de edição da obra em língua portuguesa no Brasil adquiridos pela Petra Editorial Ltda. Todos os direitos reservados. Nenhuma parte desta obra pode ser apropriada e estocada em sistema de banco de dados ou processo similar, em qualquer forma ou meio, seja eletrônico, de fotocópia, gravação etc., sem a permissão do detentor do copirraite.

Petra Editora
Rua Candelária, 60 — 7º andar — Centro — 20091-020
Rio de Janeiro — RJ — Brasil
Tel.: (21) 3882-8200 — Fax: (21) 3882-8212/8313

CIP-BRASIL. CATALOGAÇÃO NA PUBLICAÇÃO
SINDICATO NACIONAL DOS EDITORES DE
LIVROS, RJ

M253p

Manzotti, Reginaldo, 1969-
  Pílulas de sabedoria / Reginaldo Manzotti. -
1. ed. - Rio de Janeiro : Petra, 2019.
  304 p. ; 12 cm.
  ISBN 9788582781616

  1. Devoções diárias - Cristianismo. 2. Meditações. 3. Vida cristã. I. Título.

19-57566
CDD: 242
CDU: 27-583

Apresentação

Queridos amigos, queridas amigas,

Como todos sabem, ao longo de tanto tempo como sacerdote — e que Deus me conceda muitos anos mais! —, pude já escrever alguns livros, e poucas alegrias que experimento se comparam àquela de ouvir o quanto a vida interior das pessoas tem se beneficiado destas obras. Se não for para anunciar os valores e exigências do Reino de Deus, se não for para levar a mensagem da misericórdia e do amor divino às pessoas, que sentido tem a vocação do sacerdote? Não importa o meio: "Anunciar o Evangelho não é glória para mim; é uma obrigação que se me impõe. Ai de mim, se eu não anunciar o Evangelho!" (1 Cor 1, 16).

Ao mesmo tempo, reconheço que as demandas da vida cotidiana, sejam elas quais forem, espremem de tal maneira nossa agenda que ler livros pode exigir um planejamento imenso. E, se arrumamos tempo aqui e ali para leituras, muitas vezes não conseguimos a constância necessária para que logo frutifiquem em nossa vida interior. Eis por que me ocorreu a ideia desta obra.

Nestas páginas, que por vezes podem parecer excessivamente simples, o leitor encontrará algumas das mensagens que vim propagando em meus livros ao longo dos últimos anos. Com este recorte, seu objetivo é proporcionar subsídios para a oração pessoal e, com ela, tornar-se fonte de propósitos práticos, capazes de melhorar pouco a pouco a vida de cada um de nós. Não deve se tratar, é claro, de um aprimoramento egoísta: nosso objetivo como cristãos não é este, e sim nos afigurarmos cada vez mais a Jesus Cristo, "perfeito Deus e perfeito homem".

Que Deus, pela intercessão da Santíssima Virgem, nos ajude neste projeto de santidade!

Pe. Reginaldo Manzotti

Após receber o anúncio do anjo Gabriel, e já tendo o Salvador do mundo em seu ventre, Maria partiu imediatamente para a casa de Isabel, pois descobrira que esta sua prima também estava grávida. Este é o verdadeiro espírito do cristão: o espírito do serviço.

Fixando o olhar em Nossa Senhora, procuremos identificar as pequenas ajudas que podemos prestar a quem está ao nosso lado na família, no trabalho... Mas lembremo-nos: quanto mais discreta for essa ajuda, melhor! Assim, não caímos na vaidade e não ficamos achando que os outros têm algum dever de gratidão para conosco. Devemos servir na gratuidade e sem murmurações.

O perdão é um dom da graça de Deus. Ele nunca se recusa em nos perdoar sempre que pedimos o Seu perdão. Se aprendermos a sempre buscar o perdão de Deus, aprenderemos a perdoar também.

*U*m piedoso costume da tradição cristã é, a cada noite, olhar para o que se passou ao longo do dia, identificar os próprios erros e tirar propósitos para o dia seguinte, pedindo perdão a Deus pelas falhas e pelos deslizes cometidos. Desde sempre, essa foi uma forma de ter em mente que Deus pode nos chamar à sua presença a qualquer momento, e por isso devemos estar preparados, vigilantes, desejando não nos afastar do caminho do Senhor.

Ao mesmo tempo, esse exame de consciência diário pode ser também uma boa oportunidade de pensarmos em todas as coisas boas que Deus nos proporcionou. Antes de dormir, que tal pensarmos em quão sortudos somos por termos o que temos? Isso deve evitar que só fiquemos reclamando das coisas e dos problemas, sem perceber que eles são uma parte pequena da vida. Não há nada pior do que a ingratidão.

Para termos um coração amoroso é preciso adequá-lo ao coração de Jesus. Isso implica observar se a nossa fala, os nossos pensamentos e as nossas atitudes estão de acordo com os d'Ele.

No coração de Jesus não cabe amargura. No coração de Jesus não cabe ódio. No coração de Jesus não cabem mágoas, intrigas, discórdias e desavenças.

Preciso dizer algo mais?

Em nossa vida, às vezes nos perdemos, ficamos tensos, ansiosos, e não sabemos como agir em nossas escolhas. Acabamos por nos questionar: "Quem sou eu? Sou o que Deus pensou para mim ou me cristalizei no que me permiti ser? Como discernir?"

O Espírito Santo responde. Ele é o melhor conselheiro que há. É o próprio Espírito que vem em socorro de nossas fraquezas (cf. Rm 8, 26).

Além disso, nossos anseios servem para produzir o bem, mas também podem semear o mal. Isso significa que somos um campo aberto e devemos nos esforçar para gerar os melhores frutos.

Para sentir o apelo do Senhor e ter discernimento, é fundamental a escuta de Deus. Quando nos deparamos com a presença de Deus na sua maravilha, na sua perfeição, na sua magnitude, no seu amor maduro e absoluto, percebemos nossa pequenez. Quando nos deparamos com este Deus que fez tudo e por tudo age em nós na gratuidade, nós percebemos o quanto somos mesquinhos, mas tal consciência não pode nos afastar d'Ele e nos fazer recuar. Deus é o sumo bem e a suma bondade. Então, devemos mais e mais querer ficar parecidos com Ele.

Muitas vezes não nos sentimos motivados, porque nossa compreensão parcial da realidade nos leva ao desânimo. Mas, mesmo contrariados e incapazes de compreender, em respeito à vontade do Senhor devemos sair da letargia e dar um passo adiante, conforme disse Jesus: "Pedi e vos será dado; buscai e achareis; batei e vos será aberto. Pois todo o que pede, recebe; o que busca, acha; e ao que bate, se abrirá" (Lc 11, 9-10).

Assim, sob a inspiração do Espírito Santo, tenhamos a iniciativa de quem pede, busca, bate à porta. Não nos deixemos viver uma paralisia na fé, com nossos problemas nos transformando em eternas vítimas, afundadas no "lodo do pessimismo". Deixemos que o Espírito Santo suscite em nós a postura proativa. Se no contexto da amizade humana Jesus disse que é possível bater na porta, incomodar um amigo (cf. Lc 11,5-8), quanto mais em relação a Ele, que é pura misericórdia.

Dentro de cada um de nós existe desejo maior ou menor de escutar os apelos de Deus, afinal todos nós d'Ele viemos e para Ele voltaremos. Deus nos conhece profundamente e Sua voz ecoa em nós, embora, às vezes, em nossos ouvidos ecoem apelos diferentes que nos tiram do plano da Criação.

Em nossa essência, fomos criados "bons", e trazemos em nós traços do eterno, do divino. Infelizmente, são coisas que fomos esquecendo e, quando olhamos no espelho, vemos apenas reflexos deformados em valores e princípios, mas não foi isso que Deus planejou para nós. Não podemos acabar com o mal no mundo, mas podemos abrir nosso coração para a Graça, fazer crescer e espalhar os frutos de conversão e as sementes do bem.

*C*onstantemente, nós nos deparamos com situações em que nos sentimos injustiçados. O mundo é desigual, a vida nem sempre é justa, as pessoas menos ainda e nós mesmos cometemos faltas com aqueles que nos cercam. Muitas vezes, não nos conformamos, sofremos, sentimo-nos frustrados, acumulamos ressentimentos por não alcançarmos aquilo de que nos julgamos merecedores. Quando isso ocorre, o que deve nos impulsionar é estar em Deus e saber que a verdadeira justiça vem d'Ele, porque se baseia no amor incondicional e na disposição de salvar a todos.

Ora, Deus não faz distinção entre esse e aquele, e sempre estende a mão porque quer a todos: os fortes, os bons, os mais preparados, os machucados, os raquíticos, os imperfeitos, os pecadores, não importa qual seja a condição de cada um. Por isso, está sempre presente, todas as horas do dia, no caminho da humanidade, deixando explícito o Seu interesse por nós: "O que você está fazendo aí?" Muitos respondem: "Ninguém se interessou por mim!" E Ele confirma: "Vem que eu te quero."

O Senhor olha e não vê nossos defeitos; Ele nos quer independentemente de quem somos e de como estamos.

Somos estimulados a colocar a felicidade no dinheiro, na beleza, no prazer, mas conheço muitas pessoas que estão em situação privilegiada e, não obstante, sentem-se as mais infelizes da face da Terra. Colocamos nossa expectativa em lugares, bens, pessoas e nos decepcionamos. Só quando "acordamos", e geralmente o despertar ocorre após muito sofrimento, percebemos que nada pode satisfazer às necessidades da nossa alma a não ser Deus, revelado em Jesus.

Sempre é tempo de se levantar e voltar à presença de Deus; Ele nunca nos rejeitará.

*D*eus nunca nos virará as costas. Diferentemente de nós, Ele sabe perder e, sobretudo, esperar. Ainda que O abandonemos em busca de aventuras sem sentido, o que acarretará dor e sofrimento, ao voltarmos, Ele sempre nos acolherá. Santo Agostinho disse: "Deus está sempre disposto a perdoar, mas nem sempre nós teremos o 'sempre'." Talvez nos falte aquilo que o filho pródigo teve: tempo de se arrepender, tempo de voltar. Nem sempre teremos o "sempre".

Deus se entristece quando Lhe viramos as costas. Ele sente saudade quando nos afastamos e, a todo momento, espera ver-nos voltando. Essa é uma imagem marcante que sempre está na minha mente: Deus esperando toda a humanidade voltar para Ele.

O perdão deve prevalecer, principalmente por se tratar de um preceito de Nosso Senhor. É difícil? Ninguém está dizendo que não seja. Agora, imagine o quão difícil foi para Jesus perdoar a humanidade, que demonstrou toda a sua ingratidão ao condená-Lo e deixá-Lo morrer na Cruz? Pois, contra todas as probabilidades, foi o que Nosso Senhor fez; não só perdoou, como intercedeu por nós perante o Pai: "Pai, perdoa-lhes; eles não sabem o que fazem" (Lc 23, 34). Se não somos capazes de amar o suficiente para perdoar, pensemos no amor de Jesus e façamos isso também por Ele. Perdoemos, pois foi isso o que Cristo nos pediu.

*G*eralmente, quando se perdoa, não se esquece. A memória do que passamos não se apaga, nem Deus pede que a apaguemos. Assim, se no momento em que lembrarmos daquilo que nos fizeram sentirmos mágoa ou dor, façamos um esforço para não consentirmos nem nos determos nesse sentimento, que, com o tempo, cicatrizará.

De fato, há distinção importante entre simplesmente sentir uma emoção negativa (de vingança ou concupiscência) e consentir nela, o que, sendo coisa da vontade, pode ser pecado, enquanto não o é se a sensação ocorre a contragosto. Confundir sentimento com consentimento leva à autoculpabilização neurótica. É muitas vezes o caso da mágoa: caso seja apenas sentida, é coisa natural e sem problema; por outro lado, ao ser consentida — e, pior, alimentada —, leva ao pecado e até à doença.

Quando perdoamos de fato, a lembrança daquilo que foi cometido contra nós deixa de ter poder destrutivo e não desperta mais emoções negativas, dando-nos força para prosseguir. Já os que não trilham esse caminho tendem a se tornar agressivos e vingativos.

*U*ma vez propagadas, as palavras não podem ser recolhidas e, muitas vezes, prejudicam a vida de terceiros. Por mais que se tente esclarecer, é difícil reverter os efeitos e as dúvidas que a fofoca maliciosa provoca. E se engana quem pensa que ouvir uma fofoca não é tão grave quanto espalhá-la. Só é possível difamar uma pessoa porque a difamação encontra, em seu caminho, quem lhe dê ouvidos. Por isso, é um dever cristão ter a coragem de dizer: "Desculpe, mas eu não estou interessado nesse assunto." O livro dos Provérbios deixa claro: "O mau fica atento aos lábios perniciosos; o mentiroso dá ouvidos à língua perversa" (Pr 17, 4).

*J*esus já se entregou e sofreu por nós. Foi o mais alto preço pago pela nossa redenção. Não somos "qualquer um": somos filhos de Deus resgatados pelo Sangue de Jesus. Não importa em que situação a pessoa se encontre, se está ou não no ponto mais fundo do poço, aparentemente sem condições de conectar-se com Deus pela fé. Basta uma abertura, um minúsculo fio de esperança associado ao desejo de se libertar, para o Senhor agir. "Com efeito, não temos um sumo sacerdote incapaz de se compadecer das nossas fraquezas, pois ele mesmo foi provado em tudo como nós, com exceção do pecado. Aproximemo-nos, então, com segurança, do trono da graça para conseguirmos misericórdia e alcançarmos graça, como ajuda oportuna" (Hb 4, 15-16).

Temos um Deus que se inclina para nós e nos toma nos braços. Deus é Pai! Jesus mesmo disse: "Quem de vós, sendo pai, se o filho lhe pedir um peixe, em vez do peixe lhe dará uma serpente? Ou ainda, se pedir um ovo, lhe dará um escorpião? Ora, se vós, que sois maus, sabeis dar coisas boas aos vossos filhos, quanto mais o Pai do Céu dará o Espírito Santo aos que Lho pedirem!" (Lc 11, 11-13). Ele nos deu Jesus, o Salvador; nos dá a unção do Espírito Santo. Creia: Deus nos olha o tempo todo como filhos.

A fé não é um simples conjunto de ideias e códigos morais, mas um encontro com a pessoa viva de Jesus. É um esforço de intimidade. A partir dessa experiência com o Ressuscitado, a fé nos compromete a realizar, a cada momento, o que Deus espera de nós.

Em Sua infinita bondade, Deus quis garantir que o ser humano, após o Pecado Original, não cometesse o erro de não encontrá-Lo, e por isso nos abençoou com a poderosa virtude da fé.

Leia a Palavra de Deus, medite sobre ela e rejeite os pensamentos contrários e mentirosos que o Inimigo sopra. Reze pedindo sempre que Deus aumente sua fé, pois ela é um raio de luz que o Pai infunde em nossa alma para que não andemos nas sombras.

*S*ó podemos enxergar os sinais de Deus quando nosso olhar se faz contemplativo. O grande problema é que o corre-corre, o estresse, as preocupações, a ansiedade e o imediatismo da vida moderna nos impedem de ter essa visão. Achamos que Deus tem que se mostrar em teofanias, ou seja, em grandes manifestações de poder, porém lembremo-nos de Elias, que não sentiu Deus num terremoto nem no fogo, mas na brisa suave (cf. 1 Rs 19, 11-12).

Cabe a nós aprender a "rezar o silêncio", ou seja, silenciar o coração, aguçar os sentidos e perceber em cada acontecimento do dia a dia, mesmo na tristeza e na melancolia, os sinais de Deus. Devemos perseverar, insistir e nos apropriar de tudo de bom que Ele quer nos dar.

Há quem brinque dizendo que está "à espera de um milagre", pois somente isso seria capaz de mudar sua vida. A desatenção é tamanha que não percebe que a ação do Senhor já se faz de maneira discreta, cotidiana, como um sinal para que sejamos melhores e mudemos positivamente nossos planos e a direção da nossa vida.

Costumo fazer uma pergunta simples: onde está a sua felicidade?

Para aqueles que citam bens materiais, faço questão de lembrar-lhes que os ladrões os roubam e as traças os corroem.

Quem menciona a saúde precisa ter consciência de que um dia as limitações físicas prevalecerão. Muitos se apegam ao cônjuge, aos filhos, à família. Ótimo! Mas ainda é pouco, afinal as pessoas são falíveis e podem provocar decepções.

Tudo aquilo de que tentamos nos apropriar escapa, passa. Por exemplo, ninguém consegue ter controle sobre o tempo, nem mesmo por um único instante; é só tentar e ele já se foi. A esta altura você já deve ter decifrado o enigma. Se a vida é tão cheia de altos e baixos, e nada dura para sempre, a felicidade deve estar naquilo que ninguém pode nos tirar.

Só existe uma felicidade completa e absoluta, e ela se chama Jesus Cristo. Realização profissional, casamento e família não são a fonte, e sim o fruto de uma felicidade que começa muito antes: no amor a Deus.

O amor humano é baseado em emoções e sentimentos que podem mudar de uma hora para outra, e por isso é inconstante. É também condicional, porque amamos esperando ser amados. Amamos aqueles que nos são agradáveis e nos fazem sentir bem.

Já o amor de Deus por nós é incondicional; ainda que estejamos completamente errados, Deus não diz: "Mude de vida que eu vou aceitá-lo e amá-lo." Ele nos ama do jeito que somos ou estamos, e as mudanças operadas em nós quando temos uma experiência com Deus revelado em Jesus Cristo são consequência desse amor. Amamos a Deus "porque Deus nos amou primeiro"

(1 Jo 4, 19). Muitas pessoas não conseguem vivenciar esse amor e passam a vida insatisfeitas e infelizes.

Vivemos numa sociedade globalizada, individualista e capitalista. Uma sociedade que cada vez exige mais. Mais conhecimento, mais tecnologia, mais informações, mais pressa, mais corre-corre. Tudo isso é necessário para o crescimento econômico e o "progresso", contudo também é a origem de uma sociedade "doente". Não se trata somente das doenças do corpo, mas também do mal-estar generalizado com que convivemos diariamente e que tem gerado todo tipo de conflito.

Estamos tão envolvidos na resolução desses conflitos ou em "apagar pequenos incêndios", como se diz por aí, que deixamos de nos preocupar com o que realmente importa. Isolamo-nos em nosso próprio "eu", rotulando os outros e nos achando superiores. Muitas vezes levantamos muros de isolamento dentro de nossa própria família, em razão de desavenças, orgulho, preconceito, egoísmo e vaidade. Somos progressivamente corroídos por mágoas, ressentimentos e ódio, como uma lepra que destrói nossa alma. Se o índice usado para medir a riqueza dos países fosse o nível de tolerância e perdão, dificilmente haveria abastados no mundo.

O Diabo não é bobo. Não gosta de mostrar o quanto é feio. Por isso sua estratégia é não mostrar de forma explícita o mal que pode causar a uma vida — caso contrário ninguém mais o seguirá.

Uma lenda antiga tenta demonstrar isso, dizendo que o Diabo tinha os pés de pato e se disfarçava ora de um homem atraente para tentar as mulheres, ora de uma belíssima mulher para tentar os homens. Não se trata de acreditar ou não nessa história, o fato é que a analogia está correta: o Diabo sempre se disfarça de algo extremamente bom. A tentação nunca é feia, sem graça, sem sabor. Desse modo não seria tentação.

Conforme explicou Santo Antão: "Quem não tiver sido tentado não poderá entrar no Reino dos Céus. Se suprimires a tentação, ninguém se salvará." É através das tentações que o homem obtém um faro do

Deus verdadeiro. Sem tentação o homem estaria no perigo de apoderar-se de Deus e torná-lo inofensivo e inócuo. Pela tentação, porém, o homem experimenta existencialmente a sua distância de Deus, sente a diferença entre o homem e Ele. O homem permanece em luta constante, enquanto Deus repousa em si mesmo.

Se pararmos para pensar, a cegueira física é algo que realmente limita as potencialidades de uma pessoa, mas não impede que ela viva com qualidade e desempenhe seu papel na sociedade. Já em relação à cegueira espiritual não se pode dizer a mesma coisa. O cego espiritual não tem clareza em seus propósitos, portanto não é dono de suas escolhas e, provavelmente, está sendo conduzido pelos interesses de outros. Não enxergar na vida espiritual significa ser facilmente iludido e manipulado.

Pode ter certeza de que não é à toa que rezamos. Deus está escutando, e cada vez que nos dirigimos a Ele reforçamos nosso ato de fé. O problema é que vivemos num tempo imediatista, em que tudo é para ontem, e, se não somos atendidos no mesmo instante, já expressamos nosso descontentamento. Temos de aprender a exercitar o tempo da espera, porque ele em si já vale como um treinamento para que possamos enxergar os sinais de Deus, sobretudo a diferença que existe entre o que pedimos e aquilo de que realmente necessitamos.

São Gregório Magno disse: "Os desejos santos crescem com a demora; mas, se diminuem com o adiamento, não são desejos autênticos." Compreendamos que, se o que estamos pedindo é um "desejo santo", por mais que Deus silencie, o que desejamos se manterá firme. Por outro lado, quando a demora é suficiente para nos fazer titubear, o desejo não é mais forte do que uma vontade meramente humana e fútil.

Ter fé, mais que crer em algo, é crer em Alguém: Jesus Cristo. A fé não deve ser apenas fruto de milagres, e sim da adesão total a Ele, do acolhimento de Sua Palavra e da mudança de vida.

É a fé que pode dar êxito ao que fazemos. A fé autentica a nossa oração, tornando-a qualitativa, e não quantitativa. De fato, muitas vezes nossas orações contêm um excesso de palavras, mas não são realizadas com fervor. Está errado quem começa uma oração pensando: "Talvez eu tenha êxito." Isso não é ter fé. Se cremos, devemos ser categóricos: "Senhor, eu confio em Ti." Não se trata de fazer uma oração arrogante, mas um pedido ao mesmo tempo humilde e confiante na infinita bondade de Deus.

Chega de sermos covardes na vida. O que nos impede de ousar a ponto de termos coragem de chegar para um doente e dizer "Você vai sair dessa situação pela fé no Senhor! Deus providenciará o melhor para você"? Aqueles que vivem repetindo "Deus quis assim" de maneira resignada se esquecem de algo fundamental: o sofrimento despropositado, sem sentido, não é vontade de Deus.

Uma mudança de postura necessária é passar a enxergar as provações como um aprendizado valioso, caso resultem, por exemplo, em transformação e conversão. O sofrimento encontra sentido quando é recebido com paciência e tolerância, fazendo com que nos despojemos do orgulho, reconheçamos nossas fraquezas e nossos erros, aprofundemos nossa fé. Isso nos torna pessoas melhores, assim como aqueles que estão à nossa volta. Porém, a transformação efetiva somente ocorre na medida em que o nosso sofrimento é associado às provações do próprio Jesus, como explica São Paulo: "Na verdade, assim como os sofrimentos de Cristo são numerosos para nós, assim também é grande a nossa consolação por meio de Cristo" (2 Cor 1, 3-5).

Ao longo da vida, desenvolvemos convicções e certezas que vão se cristalizando de uma forma tão intensa que se torna muito difícil se desfazer delas. Algumas funcionam até como uma espécie de mecanismo de defesa; criamos barreiras para nos proteger, mas acabamos nos isolando. Com isso, em vez de avançarmos para uma atitude de conversão, misericórdia e compaixão, acabamos com o coração endurecido, o que resulta em indiferença a Deus, à Sua Palavra, ao próximo.

No Salmo 41 (42), há uma comparação interessante entre a nossa sede de Deus e a corça que suspira pela água. A corça é um animal simples e dócil que gasta toda a sua energia para encontrar água; se não a encontra, morre. Tudo é busca e encontro. Se ficarmos dias sem água, morreremos; se não matarmos nossa sede de Deus, nossa alma morre ou, pelo menos, não seremos cristãos autênticos, e nunca conseguiremos nos saciar plenamente.

*C*ostumo sempre enfatizar que o tempo de Deus é outro, mas não se trata de um tempo de espera ou de demora, mas de um tempo de semeadura. É o tempo de aprender e de adubar a terra que há em nós mesmos. Imbuídos dessa lógica, não negamos nossas fragilidades; antes, não as encaramos como fracassos, e sim como oportunidades de conhecimento. Reconhecemos que somos incapazes de ir além de um determinado ponto ou que temos limitações que nos impedem de avançar ou de acumular mais funções, sem no entanto nos sentirmos diminuídos por isso.

Eu nunca vi cortejo funerário com caminhão de mudança atrás, pois desta vida não levamos nada material. Contudo, às vezes perdemos esse discernimento e nos apegamos às coisas que encontramos pelo caminho, tentando carregar tudo. Um belo dia, travamos no meio da estrada porque a mala ficou muito pesada.

A reflexão que cabe diante desse tipo de conduta é: nas diversas situações e circunstâncias que a vida lhe apresenta, você tem agido pela lógica do mundo ou pela lógica de Deus? Quando olha para as suas conquistas, percebe que juntou mais moedas e bens materiais ou mais "tesouros do céu", como virtudes, amor e caridade, feitos para durar até depois da morte?

Perceba que os encontros com Deus são sempre em comum acordo. Ele faz um convite e jamais viola a nossa vida. Tanto que, quando o anjo apareceu para Maria e disse: "Ave cheia de graça, o

Senhor é contigo, tu serás a mãe do Salvador", ela prontamente respondeu: "Eis a serva do Senhor!" (Lucas 1, 28.38). Isso significa que o encontro com Deus por meio de Jesus necessita do nosso "sim". Eu insisto: esse encontro requer de nós uma abertura que não pode se manifestar uma única vez, mas sempre.

Às vezes, nossas lágrimas, nosso desespero e nossa ansiedade não nos permitem enxergar o que está à nossa frente. Tudo isso dificulta percebermos a presença de Jesus, e portanto devemos ser ousados. Deus ajuda quem tem coragem.

Reconhecer Jesus nos momentos em que tudo está tranquilo e sem maiores complicações é algo que não nos torna especiais. Daí a importância da audácia, pois devemos ser capazes disso nos momentos de grande aflição e tristeza.

O grande problema é que nossas esperanças estão atreladas ao imediatismo. Queremos que tudo aconteça na hora que determinamos, conforme as nossas diretrizes, e não de acordo com o projeto do Senhor e com o Seu tempo. Não conseguimos entender que a tempestade, o choro e a tristeza são passageiros e que sempre haverá um amanhecer de ressurreição.

O maior sinal do ateísmo que estamos vivendo hoje é a indiferença à Palavra e à própria vida. O mundo nos oferece muitos caminhos equivocados, que nos levam a sofrer quedas e ao que eu chamo de "preguiça espiritual". Trata-se de um misto de desânimo, desamor e medo que nos paralisa, mantendo-nos estagnados em posições infrutíferas.

Muitas vezes, ficamos acomodados nessa preguiça espiritual e, consequentemente, não nos transformamos naquilo que Deus quer.

Você pode se perguntar: "Mas, afinal, o que Deus quer de mim?" Ele quer que sigamos o caminho da restauração em Cristo, deixando o "velho homem" que vive em nós para trás e abrindo espaço ao "novo homem", trabalhado no amor e no perdão.

É para isso que Jesus, o ressuscitado, nos procura: para nos restaurar, renovar e revestir do Seu Espírito Santo.

O avanço da sociedade e da tecnologia vem acompanhado de uma valorização excessiva das liberdades individuais. Cada um de nós quer viver à sua maneira, de acordo com as próprias convicções, as quais podem ou não seguir aquilo que aprendemos em família e em nosso meio cultural.

A liberdade é um bem muito precioso para ser tratado com leviandade. Achamo-nos livres para fazer escolhas certas ou erradas, e de fato o somos. Mas será que estamos dispostos a pagar o preço por tamanha responsabilidade?

Muitas vezes, nós nos deparamos com reveses inesperados que nos fazem perder a segurança e repensar nossa forma de agir. Na verdade, isso não é ruim e pode até nos transformar em pessoas melhores, desde que a porta realmente esteja aberta para a entrada do Senhor na nossa vida.

*T*odos nós temos uma missão neste mundo. Contudo, antes de ser externa, essa missão começa internamente.

Nossa maior dificuldade é realizar essa "faxina interior", pois ainda estamos presos a velhas lógicas e opiniões que precisam ser renovadas profundamente. Você já parou para pensar a quais convicções limitadoras está preso? O que o impede de ser uma pessoa bem-sucedida naquilo que almeja?

Asseguro que os outros só fazem conosco aquilo que nós mesmos permitimos. Você pode se perguntar: "Mas, padre, se sou o maior responsável por tudo de ruim que me acontece, como posso resolver os meus problemas? Tenho de nascer de novo?"

A resposta é "sim", e não se trata de uma provocação. Quando eu afirmo "nascer de novo", refiro-me a um processo de desconstrução em que deixamos que o Espírito Santo aja com total liberdade em todas as esferas da nossa vida. Isso é experimentar o novo nascimento e passar a valorizar a vida por meio da fé.

Ninguém conquista, avança, cresce sem planejar e "correr atrás". Para isso, quase sempre temos que transpor obstáculos, correr riscos e, muitas vezes, romper com certas situações cômodas que nos impedem de executar alguma tarefa.

Na vida espiritual é preciso ter essa mesma dedicação. Muitos desistem facilmente, acreditando que são portadores de limitações intransponíveis, quando, na verdade, o que Deus quer de nós é justamente o contrário. Devemos ser ousados, buscar, nos envolver, insistir, arriscar sem nos importarmos com o que vamos conseguir. O que conta é o esforço, o desejo puro e sincero que nos move. Essa é a abertura para a restauração e a transformação do nosso ser.

Deus não avaliará se chegamos ou não a atingir 100% dos nossos objetivos. As estatísticas cabem aos matemáticos. Para Ele, importa muito mais o esforço que fizemos.

Nós, em certas situações, abordamos os outros de forma invasiva. Além de nos intrometermos nas conversas, temos a tendência a fazer julgamentos morais. Quantas vezes, em uma conversa com os filhos, os pais questionam de forma intimidadora: "Por que você é assim?" Esse não deve ser o início de um diálogo. A aproximação do outro pede uma abordagem interessada e nada impositiva. Por exemplo: "O que você está sentindo?", "O que você está vivendo?".

Infelizmente, muitos não sabem como iniciar um diálogo, e é justamente esse primeiro fracasso que inviabiliza a conversa. Somos estrangeiros na vida dos outros e não podemos entrar de forma invasiva no espaço de ninguém. Por outro lado, ao utilizarmos a linguagem do amor, deixamos de ser estrangeiros, porque partilhamos sentimentos. Lembre-se disso: somos estrangeiros na vida de quem está caminhando e carregando o próprio fardo, e é uma violência chegarmos despejando a nossa verdade. Temos que acolher, ouvir e ser delicados.

Para nos aproximarmos de Jesus e levarmos as outras pessoas a fazerem o mesmo, devemos pregar, sim, mas acima de tudo saber ouvir e compreender. De que adianta pregarmos se não conhecemos aquele a quem a Palavra se dirige? Ninguém é missionário mantendo-se na posição de forasteiro na vida do outro. E isso é mais comum do que imaginamos. Há casais e famílias inteiras que se comportam como estrangeiros dentro da sua própria casa.

Muitos imaginam que o encontro com Jesus ocorre na forma de um espetáculo visual, com direito a comitiva de anjos e cenários apocalípticos. Por isso, acabam passando a vida sem essa experiência. É uma pena, pois eu afirmo que seríamos verdadeiramente arrebatados se pudéssemos enxergar com os olhos da fé, na Santa Missa, Jesus Cristo em toda a Sua divindade. Cito novamente São João Paulo II: "A Eucaristia é verdadeiramente um pedaço do Céu que se abre sobre a terra. É um raio de glória da Jerusalém celeste, que atravessa as nuvens da nossa história e vem iluminar o nosso caminho."

O relacionamento com Jesus cura a visão da nossa própria existência e dá a ela um novo sentido. Quem faz essa experiência do "encontro" fica tão preenchido da luz divina que não consegue reter só para si a graça recebida; o coração curado torna-se, assim, um coração evangelizador.

Ouso dizer que nunca é tarde para encontrar Jesus Cristo, porque Ele sempre vai nos amar e nos autorizou a buscar Sua presença quando nos chamou de "amigos" (cf. Jo 15,15). E é dessa experiência pessoal com Jesus que recebemos a cura que restaura e transforma.

Que tal começar a se preparar agora para esse encontro com seu maior e verdadeiro Amigo?

Volto a dizer que, em nossa vida, temos necessidade de Deus. Quando nos esquecemos disso, Ele volta a nos recordar, sobretudo por meio de Sua Palavra. Deus nos ofertou as Sagradas Escrituras para que encontrássemos por escrito os Seus desejos, o Seu amor, a história do povo com Deus, as alianças que propôs, de modo especial a aliança definitiva realizada por meio de Jesus Cristo... Deus sabe que a nossa memória é curta, que o jugo desse mundo é pesado, que o Diabo não descansaria enquanto não nos roubasse da cruz. Por isso, suscita pelo Espírito Santo, no coração de alguns homens ao longo da história, o desejo de escreverem o que Ele, o Senhor, já fez para salvar o seu povo. A Bíblia não é um livro exclusivamente histórico, por mais que nos apresente dados factuais; trata-se, antes de mais nada, da batalha pessoal de homens e mulheres que tiveram de lutar, se superar — às vezes até se rebelando contra Deus, mas finalmente colocando sua vida em conformidade com Ele. Do Gênesis ao Apocalipse, o que se dá é a batalha espiritual de um povo, de homens, mulheres e crianças que se encontram num constante processo de busca do Pai.

Esta batalha está travada desde que o homem é homem e perdurará até o fim dos tempos. A Sagrada Escritura, porém, é clara: Deus não desiste do homem, não desiste da humanidade. Não desistiu outrora, não desiste hoje e nunca desistirá.

*D*esde Cristo, vivemos o tempo da redenção. Isso, todavia, não significa que a minha e a sua batalha espiritual não tenham que passar pelas Chagas do Filho do Homem. Não nos acovardemos, não deixemos de lutar pela nossa salvação, não abandonemos as coisas que Deus nos deixou para vivermos os frutos da Paixão de seu Filho. Peçamos sempre: "Senhor, pelas tuas Santas Chagas, caiam gotas de misericórdia, caiam gotas do sangue redentor."

Deus está sempre disposto a nos ajudar em nossas necessidades. Ele sabe que, às vezes, saciamo-nos com porcarias; e, como bom pai, frequentemente nos corrige, uma vez que nos quer nutrir com algo que nos leve ao Céu. O que para nós é tribulação para Deus é correção; o que para nós parece castigo para Deus é amor. Quando vier a provação e, com ela, algum sinal de revolta, basta recorrermos às Sagradas Escrituras: veremos como Deus permitiu isso com tantas pessoas que Ele amava, como fez o mesmo com um povo que estava resoluto em sua dureza de coração...

A vida é uma batalha e um sopro. Se não descobrirmos nossa necessidade de Deus aqui e agora, acabaremos por descobri-la na hora de nosso juízo particular. Ali, porém, não há mais possibilidade de arrependimento; depois da morte, não poderemos interagir na batalha, não teremos ação. A batalha é aqui. Mudemos agora, pois na eternidade isso não é possível. O que foi foi. O que fizemos, fizemos.

É certo que o ser humano vem alcançando altos níveis de conhecimento no campo das ciências e da tecnologia, mas, por outro lado, está perdendo toda e qualquer energia para agir virtuosamente. O problema é difuso e atinge todas as instâncias da vida moderna, da corrupção nas altas esferas do poder até a crescente violência nas ruas e dentro de casa. Para complicar ainda mais esse cenário, a sociedade atual padece de um enfraquecimento de valores, resultando em depreciação do papel da família, desvalorização da autoridade e da experiência, formação de vínculos superficiais e utilitaristas, busca imediatista de prazer, explosões emocionais, além da carência de uma essência interior fortalecida na fé.

Esses desafios da nossa época exigem de nós disposição para lutar e manter aquilo que é de valor inestimável e, por isso, deve ser preservado contra todas as adversidades. Ânimo!

*E*xistem dois erros fundamentais que cometemos ao travar a batalha espiritual. Um deles é menosprezar ou ignorar o Inimigo, deixando assim o campo livre para ele agir. O outro é justamente o contrário, ou seja, supervalorizar Satanás, atribuindo à sua influência todo e qualquer problema que enfrentamos. Não podemos acusá-lo diretamente de todos os infortúnios da nossa vida. São João Crisóstomo, bispo e doutor da Igreja, disse: "Não, não é verdade que apenas o Diabo [age], mas é a própria incúria dos homens que causa as faltas e desgraças." Sendo assim, por mais que Satanás e seus demônios possam nos influenciar, a responsabilidade pelas decisões tomadas sempre será de cada pessoa.

Na verdade, aquilo que Jesus conquistou para o gênero humano ainda tem de ser conquistado por todos nós, incluindo eu e você, na individualidade da nossa existência. Nós temos um dom de Deus chamado livre-arbítrio, e o Criador respeita nossas escolhas. Isso quer dizer que está em nossas mãos, e sempre com a ajuda da graça, a decisão de amá-Lo e seguir Seus mandamentos ou não. É justamente nesse campo que se situa a nossa batalha.

*É*ditoso o homem a quem Deus corrige. É da pedagogia de Deus corrigir, pois quem ama quer o amado agindo bem. Como ressalta o Livro de Provérbios: "Quem poupa a vara, odeia o seu filho; mas aquele que o ama lhe aplica a correção" (Pr 13, 24). É doloroso, mas também terapêutico. O sofrimento, um dos métodos pedagógicos de Deus, é doloroso, porém curativo.

Não somos filhos da derrota, e sim da vitória, precisamente porque nosso Deus não é um Deus morto, que findou sua existência no sepulcro. Não se trata de triunfalismo vão, e sim da certeza de que podemos derrotar o Inimigo. Ele é poderoso, porém limitado; é ardiloso, mas não passa de uma criatura.

Somos filhos de Deus e herdeiros das promessas, co-herdeiros em Jesus Cristo. Portanto, invoquemos sempre o Seu santíssimo Nome nas perseguições, nas tentações, nos momentos de aflição, "pois não há, debaixo do céu, outro nome dado aos homens pelo qual devamos ser salvos" (At 4, 12).

Jesus nos revelou a bondade, o rosto misericordioso do Pai. Nele e por Ele compreendemos que precisamos de Deus não apenas nos momentos de dor e desespero, quando a consciência da nossa finitude faz despertar a fé. Precisamos de Deus, não por medo, mas para experimentarmos o que é o amor verdadeiro e sermos capazes de amar mais perfeitamente os outros.

Meu grande receio quanto ao modo de agir e de se expressar das pessoas no contexto atual, marcado pelo excesso de informação e pela acessibilidade das redes sociais, é que cada vez mais conhecemos tudo de forma rasa e nada sabemos profundamente. Nosso saber é genérico demais e, no entanto, nos achamos no direito de dar "pitaco" sobre qualquer assunto — afinal, pelo menos alguma vez já "ouvimos dizer" algo a respeito deste ou daquele tema. Contudo, o grande problema de assumir posições sem conhecimento mais consistente é que ficamos à deriva, como árvores superficiais que o mais elementar vendaval derruba.

E, quando elas caem, o estrago pode ser grande, acredite. Assim também, se não dispusermos de um conhecimento aprofundado de Deus, quando estivermos no olho do furacão, viraremos pó. Já somos frágeis, apesar de vitoriosos em Cristo, e sem essa profundidade na fé não restará pedra sobre pedra.

*Q*uando vigiamos e oramos, nós nos tornamos pessoas melhores; já se nos descuidamos dessa frente de batalha ficamos isolados, desaprendemos a amar, a perdoar e a sermos misericordiosos. Da mesma forma que a vida virtuosa é um aprendizado, a falta de exercício nesse campo nos leva a uma "atrofia" espiritual. Podemos comparar essa necessidade ao trabalho árduo e constante dos atletas olímpicos, que praticam e repetem exaustivamente os mesmos exercícios em busca da melhor apresentação e da conquista de uma medalha. A vida virtuosa exige o mesmo tipo de dedicação: devemos vigiar e orar com disciplina e determinação, porém não para obter o primeiro lugar no pódio, mas para entregarmos o melhor de nós. Nossos atletas, como Santo Antônio, São Francisco e todos os santos, além de Nossa Senhora, se esmeraram na "olimpíada da fé", praticando a vigilância e a oração dias, semanas, meses e anos a fio para nos passarem o bastão erguido e pronto para prosseguirmos nessa caminhada rumo à vitória. Deus merece de nós o melhor.

Tenhamos lucidez, peçamos a sabedoria e o discernimento do Espírito Santo. Sigamos sempre pelo caminho que Jesus já nos garantiu. Pode ser um caminho mais difícil, mas com certeza nos levará com segurança àquilo que Deus tem preparado para nós. Devemos, ademais, fazer isso não por medo do Inimigo ou do inferno, nem para alcançar algo de Deus, mas por amor a Ele. A finalidade última e tudo o que importa é o amor.

O medo é um dos inimigos da paz, porque nos leva à insegurança, à desconfiança, a nos armarmos contra aqueles que pensamos representarem uma ameaça para nós. E não se trata apenas do uso de armas e da prática de agressão física. Fazemos da nossa língua uma arma mortal, espalhando fofoca e maledicência, "puxando o tapete", como se diz popularmente, mentindo e intimidando. A língua pode ter a mesma força de um gesto violento.

Além de ser um dom de Deus, a paz precisa ser construída. Por mim, por você, por cada um de nós. Ela depende de nossas atitudes, de sermos capazes de acolher, perdoar, jogar fora mágoas e ressentimentos e nos reconciliarmos. Muitas situações de violência são provocadas por motivos fúteis, como inveja, egoísmo, preconceito, falta de autocontrole, intolerância. O problema é que a dureza de coração nos faz indiferentes diante do nosso próximo, e não o vemos como alguém que possamos amar, mas apenas como inimigo. Passamos pelas pessoas caídas e não notamos; ficamos sabendo da morte de alguém e não damos importância, não nos solidarizamos. Nada nos atinge. Ficamos insensíveis às necessidades do próximo, ao sofrimento de irmãos e irmãs. Em nossa vida espiritual, o estrago é ainda maior, porque nos tornamos indiferentes à graça de Deus.

Precisamos confiar em Jesus, no Seu amor, no Seu ato redentor e salvífico. É a confiança que fará brotar em nós a esperança e os dons do Espírito Santo. E a paz interior é um desses dons, como atesta a Carta aos Gálatas: "Por seu lado, são estes os frutos do Espírito: amor, alegria, paz" (Gl 5, 22). Isso quer dizer que ela deve ser pedida como o próprio apóstolo Paulo afirma neste trecho da Carta aos Filipenses: "Apresentai a Deus todas as vossas necessidades através da oração e da súplica, em ação de graças. Então, a paz de Deus, que ultrapassa toda compreensão, guardará em Jesus Cristo vossos corações e pensamentos" (Fl 4, 7).

Não se trata de um "talvez" ou de uma utopia, mas da confirmação de que a paz é uma certeza em Jesus. Ele venceu o mundo, e por isso a paz já nos foi concedida.

O que é preciso para haver amor? Conhecer. É impossível amar alguém sem saber quem é. Assim também não é possível ter fé sem conhecer a Palavra de Deus. Pensemos no dom da música:

se não exercitamos os dedos, a memória auditiva, a habilidade, acabamos perdendo esse dom, pois não o desenvolvemos. Para estimular a fé, podemos recorrer à leitura da Bíblia e de artigos religiosos, bem como assistir a filmes de histórias bíblicas, que sempre combinam, de forma muito interessante, informação e entretenimento. A meditação sobre Deus, a vida e os ensinamentos de Jesus permitem-nos perpetuar a Sua missão.

Temos um conceito vago, ou demasiadamente reducionista, sobre caridade, associando-a ao assistencialismo. Na verdade, ela é marcada por valores mais abrangentes, como o empenho pela justiça social, pela defesa e dignidade da vida, e, como expressão concreta da fé, é ainda muito mais. Jesus, que passou pelo mundo fazendo o bem, ensinou que a caridade vai além de "amai-vos uns aos outros" (Jo 15, 12), estendendo-se a "amai os vossos inimigos e rezai por aqueles que vos perseguem" (Mt 5, 44). Nesse sentido, ela fortalece a fé. Caridade e fé caminham juntas. Sem caridade, a fé é morta; sem a fé, a caridade fica sem sentido.

Conforme adverte São Tiago: "Se alguém diz que tem fé, mas não tem obras, que adianta isso? Por acaso a fé poderá salvá-lo? Por exemplo: um irmão e uma irmã não têm o que vestir e lhes falta o pão de cada dia. Então, alguém de vós diz para eles: 'Ide em paz, aquecei-vos e comei.' No entanto, não lhes dá o necessário para o corpo. Que adianta isso? Assim também é a fé: sem as obras, ela está completamente morta" (Tg 2, 14-17).

Não podemos reduzir a fé ao imediatismo, ao sentimento egoísta de "estar com vontade ou não". Santa Teresa de Ávila ensinava que, quando não queremos ir à Missa ou rezar, mas vamos mesmo assim e rezamos mesmo sem consolação, é a fé que está falando mais alto. Portanto, a Missa alcança maior valor e a oração, maior eficácia. Também quando fazemos das tripas coração e conseguimos perdoar o imperdoável, como ensina Jesus Cristo, ou simplesmente sorrimos, ainda que a dor seja lancinante e nos incomode mais que tudo, damos uma grande demonstração de fé.

A fé não pode ser passatempo, tampouco teoria. Temos de seguir Jesus não apenas por Suas ideias, mas por Seu exemplo de vida. Ele não escolheu dia nem hora para fazer o bem. Simplesmente fez, acolhendo-nos em nossas fragilidades. E o Seu único pedido é que abramos caminho para Ele agir, transformando nossa vida e posicionando-nos no mundo.

Muitas vezes colocamos tanto "açúcar" em Jesus que Ele vira um "melado". Sim, Cristo foi manso como um cordeiro, alguém que sabia acolher, mas também tinha personalidade firme. Quando necessário, repreendeu os apóstolos e passou um "sabão" nos fariseus, nos saduceus e em todos os cristãos batizados: "Ai de vós, hipócritas, que por fora pareceis justos diante dos outros, mas, por dentro, estais cheios de hipocrisia e injustiça" (Mt 23, 27-28). E ainda: "Hipócritas! Isaías profetizou muito bem sobre vocês quando disse: 'Esse povo me honra com os lábios, mas o coração deles está longe de mim'" (Mt 15, 7-8).

Jesus tinha valores que jamais permitiu que fossem negociados. Tinha tanta convicção de seus princípios e da salvação que enfrentou familiares, reis e o imperador na pessoa de Pilatos.

Não podemos deixar que Sua doçura encubra os traços de um homem que lutou muito, batalhou e acreditou num mundo melhor. Caso contrário, teremos uma fé alienada, para a qual as coisas de Deus não se misturam às coisas do mundo, e isso não é verdade. As coisas de Deus e as do mundo se entrelaçam e andam juntas. É o que pede o Evangelho: que os cristãos sejam o sal da terra e a luz do mundo, numa atitude de espalhar os valores de Deus.

A principal virtude de um coração amoroso é, sem dúvida, a humildade. Isso porque ela nos leva a ter consciência de nossas fraquezas e, consequentemente, a agir com caridade — ao contrário do soberbo, que não hesita em apontar as falhas e os pecados dos outros, pois não olha para seus próprios erros. A humildade coloca-nos prontos para servir, numa atitude de alegria, e não em busca de honras. Ao mesmo tempo, não deixa que sejamos afetados pelas desonras nem pela calúnia. Segundo Santa Teresa de Ávila, ser humilde é andar com a Verdade. Deus é a Verdade, e assim humildade é andar na presença de Deus.

Se os princípios que nos movem não são de Deus, a liberdade, em vez de nos conduzir à perfeição, levará ao abismo. Por isso, a consciência deve ser educada, esclarecida, tornada reta e formada pela razão. Se a paixão não é contrária à razão, ainda assim a razão deve ter domínio sobre a paixão. Talvez a paixão nos mova, mas a decisão deve ser racional. A paixão mal usada pode levar-nos à perdição.

A alma árida tem de ter consciência, como uma criança que gosta do colo do pai, de que, mesmo não estando nesse lugar em determinados momentos, poderá sempre contar com ele.

É exatamente dessa forma que devemos compreender a nossa relação com Deus: já experimentamos o "colo do Pai" e, mesmo que não nos sintamos acolhidos, não significa que estejamos sós. Ele sempre está presente no amor que sente e nos fez experimentar, um amor tão grande que O torna capaz de dar a vida de Seu Filho por nós. Isso é importantíssimo e faz toda a diferença.

Ter misericórdia não é simplesmente ter pena de alguém. Longe disso, ter misericórdia e exercitá-la significa ter compaixão e solidariedade para com a necessidade do outro. Não se trata apenas de dar esmola, e sim de não ser indiferente à carência física, espiritual ou material da outra pessoa, buscando elevá-la à dignidade e à vida.

Nenhum de nós consegue ver bem as próprias falhas, e por isso é um ato de amor ajudarmos uns aos outros a nos corrigir. Porém, exercitar essa obra de misericórdia exige humildade tanto daquele que corrige como daquele que recebe a correção. Somente um coração humilde e fraterno consegue corrigir sem se sentir superior, sem se colocar acima do outro, sem presunção. Da mesma forma, somente um coração humilde recebe a correção como um ato de amor e ajuda para seu crescimento como pessoa, e não como crítica ou repreensão.

Ao perceber, em nossa história, como Deus nos preservou mesmo sem sermos merecedores, chegando a permitir que Seu próprio Filho fosse sacrificado, seremos obrigados a resgatar a imagem que temos de nós mesmos como filhos amados de Deus e lutar contra a imagem negativa formada por crenças pessimistas como "eu não consigo", "eu não sou nada", entre outras, que só nos colocam para baixo e prejudicam o amadurecimento.

Somos importantes para Deus e, nesse contexto, podemos ser aquela moeda de prata perdida que a mulher procura incessantemente até encontrar, conforme descreve Jesus na parábola da dracma perdida. Quando a encontra, reúne as amigas e vizinhas, e diz: "Alegrai-vos comigo! Encontrei a moeda que tinha perdido" (Lc 15, 8-9).

Certamente, Deus se alegrará se nos tornarmos aquilo que Ele planejou para nós. Podemos ser aquela "ovelha perdida", mas somos fundamentais no rebanho de Deus.

*E*m sua humildade e justiça, Maria jamais se prevaleceu da condição de mãe do Salvador e lembrava-se sempre de que tudo era dom de Deus. Quando exaltada por Isabel como a "bendita entre as mulheres", não tomou para si essa glória, mas a atribuiu a Deus respondendo com o cântico: "Minha alma glorifica ao Senhor, meu espírito exulta de alegria em Deus, meu Salvador." E serviu Isabel humildemente por três meses (Mt 1, 46.56). Quando Jesus pregava, ela não chegava "botando banca", dando ordem; pelo contrário, permanecia discreta, esperando sua vez de falar com Ele (cf. Mt 12, 46).

Para nós que, em nossa autossuficiência, não admitimos nossos próprios pecados, Maria ensina a buscar a purificação por meio do Sacramento da Confissão e nos dá a lição da obediência, do cumprimento às leis de Deus, como forma de demonstrar nossa adoração a Ele.

Seja na riqueza, seja na pobreza, temos de aprender a partilhar, e para isso é fundamental sermos soberanos em relação às coisas que nos cercam — não importa se tenhamos muito ou pouco — e não deixar que elas exerçam um poder de senhorio sobre nós.

É tempo de firmar nossos passos. Venha comigo: reúna suas forças, conte com a graça de Deus e vamos caminhar. O que nos aguarda é uma paz interior tão profunda, sólida e verdadeira que nada nem ninguém neste mundo poderá impedir.

Vale lembrar que, ao fazermos escolhas, obrigatoriamente temos de dizer "não" para muitas coisas. O desafio é ainda maior quando é preciso fazer essa renúncia em nome de algo que nem sequer sabemos se vai dar certo. Nesses momentos, mais do que nunca é preciso recorrer a Deus pedindo luz e discernimento. Deus nos dá a chance de exercermos plenamente nossa liberdade de escolha (vontade racional), e não há nenhum mistério nisso; porém jamais podemos responsabilizá-Lo pelo mal que nós mesmos provocamos. Deus só quer o nosso bem, e cabe a nós assumirmos as consequências dos nossos atos.

O perdão é o medicamento mais completo que existe: não tem nenhum efeito colateral, não faz mal e cura completamente. Quando uma pessoa consegue perdoar um erro que a outra cometeu por não ter consciência naquele momento, não está fazendo algo apenas por quem errou, mas por si mesma. Ela se cura.

O perdão é um dom da graça de Deus. Ele nunca se recusa em nos perdoar, sempre que pedimos o Seu perdão. Se aprendermos a sempre buscar o perdão de Deus, aprenderemos também a perdoar.

Antes de mais nada, é preciso lembrar que Deus nos fez por completo e para o Bem. Mais precisamente, criou o "ser homem" e o "ser mulher", sendo que um completa o outro, conforme atesta o texto de 1 Coríntios 7,14: "O marido que não tem fé é santificado por uma mulher que tem; e a mulher que não tem fé é santificada pelo marido que tem." Exatamente por isso, a vida conjugal não deve ser enxergada como um problema, e sim uma bênção.

Cristo havia feito o bem para multidões de judeus, mas essas mesmas multidões, beneficiadas por Ele, depois O condenaram e pediram que fosse crucificado.

Revolta? Indignação? Não, Cristo aceitou esse sofrimento e converteu a dor em amor ao próximo. Esse amor contagiou milhões de pessoas ao redor do mundo e nos trouxe até aqui. Nunca devemos, pois, desistir do exercício da fraternidade.

A baixa autoestima pode afetar seriamente a vida de uma pessoa. Na prática, ela acaba buscando fora de si aquilo que lhe falta, geralmente de uma forma também depreciativa, como se sua felicidade dependesse da aprovação dos outros. Diz "sim" para tudo, está sempre cedendo e abrindo mão dos seus desejos para agradar aos outros, porque busca neles o amor que não tem por si mesma. Tenta ser agradável o tempo todo para se sentir aceita e, assim, vai se anulando e deixando que estabeleçam regras em sua vida. Como não confia em si mesma, delega a quem está mais próximo a tarefa de determinar o que deve fazer e sentir. É como se quisesse compensar o mal que causa a si mesma fazendo tudo pelas outras pessoas. Mesmo assim, acaba sendo rejeitada, porque logo todos percebem que está sendo movida por outra intenção.

Nunca devemos confundir esse tipo de comportamento com altruísmo, que para o Cristianismo é um grande valor. Jesus chama a atenção para isso no texto em que recomenda lavar o rosto e perfumar a cabeça com óleo ao jejuarmos, para que ninguém se dê conta, dividindo esse segredo apenas com nosso Pai, que nos recompensará (Mt 6, 17-18). Assim também, em caso de caridade, Ele ensina: "Quando deres esmola, que tua mão esquerda não saiba o que fez a direita" (Mt 6, 3). Perceba que a verdadeira motivação de servir nada tem a ver com a postura de quem ajuda os outros por egoísmo, seja para se autopromover, seja para depois cobrar algo em troca.

O autoconhecimento é um dos caminhos para recuperar a autoestima e a autoconfiança, porque somente amamos e confiamos em quem conhecemos. Se, na rua, nos apontam uma pessoa desconhecida e nos perguntam se a amamos ou confiamos nela, é difícil dizer que sim, pois não sabemos quem ela é. Então pare, reflita e analise seu comportamento e suas ações: Quais são suas fraquezas? Onde está sua força? Quanto vale sua dignidade?

Esse é um exercício interessante, porque nos ajuda a reconhecer falhas e erros e a respeitar nossos próprios limites, mas também nos revela qualidades e potencialidades das quais muitas vezes nem temos consciência, fazendo desabrochar o que há de melhor em nós mesmos.

O uso dizer que a Criação foi um extravasar do amor de Deus, um transbordar do Seu afeto. Independentemente da maneira pela qual o mundo se originou, assunto a que se dedicam muitas teorias científicas, uma coisa é certa: Deus o criou porque o amor d'Ele não se conteve. Ou seja, a Criação é fruto do Seu amor. Deus é criativo, perfeito, bondoso, e a ação de criar O alegrou. Quando olhou, viu que tudo o que havia criado era bom (cf. Gn 1). Porém ainda faltava algo, exatamente a última peça da Criação, alguém com quem Deus pudesse partilhar Sua felicidade e Seu Amor: o ser humano. Eis o sentido último da nossa existência: fomos criados para compartilhar da felicidade de Deus. Tanto é que Ele nos criou à Sua imagem e semelhança (cf. Gn 3, 8).

É elementar que o ser humano se diferencia dos demais seres vivos na sua relação com o Criador. Mas isso não quer dizer que Deus não se ocupe de todas as criaturas, e estas são pródigas em louvá-Lo.

É isso mesmo. Elas louvam a Deus sem cessar! Cada floração a que assistimos na primavera é um ato de louvor ao Criador. Da mesma forma, os pássaros O louvam quando cantam. E isso vale para todos os animais, pois eles seguem o curso natural da vida para a qual foram concebidos.

As circunstâncias em que fomos concebidos pelos nossos pais biológicos não têm importância, mesmo se não tivermos sido desejados por eles. Afinal, tivemos a permissão de Deus e do Seu amor para virmos ao mundo! Portanto, não devemos aceitar nossos fracassos e reagir com desânimo, com falta de discernimento e com insensatez.

Somos filhos de um Deus vitorioso, irmãos de um Cristo Ressuscitado e temos isso gravado em nosso DNA!

Muitos, ao olhar para o próprio passado, pensam: "Mas eu sofri tanto!" Na verdade, o pensamento deveria ser: "Eu sou mais do que meu sofrimento, sou mais do que meus traumas."

Os episódios traumáticos devem ser trabalhados e deixados ali, exatamente naquele momento em que ocorreram, sem avançarem nem um milímetro a mais. A máxima deve ser: "Podem ter roubado meu passado, mas não posso permitir que roubem meu futuro." Temos de fazer algo no presente para recuperarmos a dignidade e não ficarmos presos ao que nos derrubou. Acredite: mesmo que escondida em meio aos escombros da dor, trazemos em nós uma força inabalável que precisamos fazer aflorar: "O Senhor é a minha força e o meu escudo; nele confia o meu coração.

Eu fui socorrido, minha carne refloresce, e de todo o coração eu lhe agradeço" (Sl 28, 7).

O amor de Deus é grandioso em tudo, e por isso Ele só pode querer o melhor para nós. No entanto, nossa compreensão é limitada, e nos dirigimos a Ele com egoísmo, com preces condicionadas a vantagens referentes a status ou bens materiais. Para piorar, quanto mais o ser humano progride, menos necessitado de Deus se sente e mais mesquinho se mostra. O resultado é desastroso, uma vez que a vida é um ato reflexo contínuo: abundância gera abundância, enquanto a mesquinharia...

*Q*uando não temos nenhuma meta, entramos na lista dos derrotados. Sem um norte claro à nossa frente, começamos a perder até mesmo o chão sob os nossos pés e não conseguimos avançar. Com o tempo, desenvolvemos uma ideia fixa de que ninguém mais precisa de nós e passamos a nos deixar de lado, primeiro o corpo — o desleixo com a aparência é um forte indício de autodepreciação —, depois a alma, justamente aquilo que nos conecta com o Altíssimo. É como se, aos poucos, passássemos a nos desprogramar do plano que Deus traçou para nós.

Não podemos deixar que essa morte lenta tome o lugar da nossa vida. Cada dia é uma nova oportunidade de revertermos esse jogo, e não importa a idade que se tem nem o que os outros vão dizer a seu respeito.

A certeza de que a tempestade passará nos faz enfrentá-la com força redobrada, e é exatamente por isso que nos tornamos capazes de superá-la. Jesus não disse que tudo se resolveria de uma só vez. O que Ele nos garantiu é que nesse mundo teremos grandes preocupações e que quem perseverar até o fim será salvo. A perseverança é uma virtude fundamental para quem quer ser vitorioso.

Vejamos o exemplo do apóstolo Pedro. Ele foi preso, amarrado com correntes duplas e, embora soubesse que seria julgado no dia seguinte para receber a sentença de morte, dormiu. Quem, numa situação como aquela, conseguiria pegar no sono? Pois foi o que Pedro fez... Ele foi acordado por um anjo e se sentiu confuso, mas logo entendeu que sua liberdade estava nas mãos de Deus, e não na dos homens (cf. At 12, 6ss).

Essa tranquilidade para poder dormir é a mesma que nos possibilita não nos desesperarmos diante dos perigos e das tribulações, e é diretamente proporcional à nossa capacidade de entregar nossos problemas nas mãos de Deus. O amparo do Pai nos dá confiança, nos encoraja a lutar e nos leva à certeza da vitória.

(Mas... atenção! Contar com a salvaguarda de Deus não quer dizer que não vamos ter problemas, e sim que há solução. Não quer dizer que não teremos uma doença, e sim que Deus é nosso médico.

Não quer dizer que não vamos "balançar", e sim que o Pai é nossa âncora.)

*C*ostumo dizer que ninguém tropeça nas grandes pedras, pois estas nós avistamos de longe e contornamos. O perigo, ao contrário, está justamente nas pedras pequenas, aquelas com as quais nos habituamos a viver e por isso mesmo são subestimadas ou nem sequer notadas.

Admitir o erro e "puxar" a responsabilidade para a gente não é fácil. Em geral, preferimos acreditar que "Deus quis assim", o que não é uma boa justificativa. Deus quer que cheguemos n'Ele e nos mostra as pistas, mas as decisões são nossas.

Nossa missão, portanto, é ter consciência desse projeto de Deus para nós e ajustar nossa caminhada, lembrando que "o homem imagina muitos planos, mas o que permanece é o projeto de Deus" (Pr 19, 21). Podemos até ter muitos planos paralelos ou "subplanos"; contudo é o desígnio do Senhor que deve permanecer firme e imutável.

Gosto muito de uma passagem do Evangelho que fala sobre uma mulher que sofria de hemorragia havia doze anos. Por causa disso, segundo os valores vigentes na época, ela era considerada impura e vivia excluída. Tendo já gastado tudo o que possuía com médicos, sem, porém, ver melhora alguma, ela ouviu falar de Jesus, e a esperança da cura se acendeu dentro dela, transformando-se em desejo ardente. Ela buscou se informar e soube que o Senhor passaria pela sua cidade, e então se preparou para estar com Ele. Provavelmente pretendia falar-Lhe mais reservadamente, pedir que colocasse Suas mãos sobre ela, mas, quando chegou até o local onde Jesus estava, havia uma multidão ao Seu redor.

O plano inicial fracassara, mas ela não desistiu. Ao ver que não conseguiria falar com Jesus, refez toda a sua estratégia e concluiu: "Meu desejo é tanto, minha fé é tamanha, minha convicção é tão grande que, mesmo que o Senhor nem me olhe, se eu tocar num pedacinho do Seu manto, serei curada."

Imbuída dessa convicção, ela entrou no meio da confusão, deu um jeito de se aproximar de Jesus, tocou na ponta do Seu manto e imediatamente foi curada. Jesus sentiu a força da fé daquela mulher a tal ponto que perguntou: "Quem me tocou?" Aqueles que estavam com Ele acharam aquilo muito estranho, pois todo mundo tocava em Jesus. Ele, então, explicou: "Alguém me tocou, pois senti que uma força saiu de mim" (cf. Lc 8, 43-48).

Percebam o itinerário dessa mulher: fé, esperança, desejo, querer, planejamento, execução, fracasso, reprogramação, atitude, determinação, perseverança e... vitória! Devemos aprender a trilhar esse mesmo caminho.

Santo Inácio de Loyola já nos advertiu, em termos dos quais me recordo livremente: "Cuidado com a imaginação, pois a imaginação já é o começo de uma realização." Por isso, devemos filtrar o que assimilamos, pois nessa fase já está em curso um processo avançado de vitória ou derrota. É bem verdade que os nossos ouvidos estão sempre abertos e que não há como barrar o que eles captam. No entanto, podemos aprender a não "guardar" tudo dentro de nós.

Costumo dizer que é preciso apenas um salto para nos projetarmos no abismo da descrença, do desencanto e da ociosidade religiosa, mas uma longa caminhada até atingirmos o topo da montanha e nos colocarmos na presença do Senhor. Só cabe a nós a decisão de aguentar firme e prosseguir nessa escalada.

Muito mais difícil do que pronunciar a palavra "procrastinar" é admitir que a maior parte da responsabilidade por aquilo que deixamos de realizar e conquistar em nossa vida tem de ser colocada na conta da nossa mania de "empurrar com a barriga". Sim, somos nós que, invariavelmente, adiamos o perdão, as demonstrações de amor ao próximo e a aproximação de Jesus. Quem, pois, está agindo como o maior amigo do fracasso, do insucesso e da mediocridade?

É comum ouvirmos pessoas que deixam de frequentar a Igreja alegando dificuldades de convivência com terceiros, fazendo então comentários do tipo: "Bastam eu e Deus." Faço questão de ressaltar, porém, que a fé não pode ser exercida plenamente de maneira individual. Caso contrário, ela não progride e acaba minguando. São Paulo, ao escrever aos romanos, afirma: "Não devemos agradar a nós mesmos. Pelo contrário, cada um de nós deve agradar o seu irmão, para o bem dele, a fim de que ele cresça na fé. Pois nem o próprio Cristo procurou agradar a si mesmo" (Rm 8, 1-2).

Todos nós temos uma missão, e isso não quer dizer que tenhamos de largar tudo e partir para terras longínquas, a fim de praticar a caridade e o bem. Isso certamente é louvável, e seria maravilhoso podermos contar com mais pessoas respondendo a esse chamado. No entanto, faço questão de chamar a atenção para um novo ponto de vista, pois muitos acham que não existe outro tipo de missão, que, se não abraçarem uma causa específica, não vão abraçar nenhuma. Trata-se de um grande equívoco; você pode ser um agente de transformação na sua família, no seu trabalho, na sua comunidade, na sua rua, na sua casa, em si mesmo.

O perfeccionismo é uma das impurezas espirituais que mais merecem nossa atenção e que devemos reciclar o quanto antes. Isso porque, quando somos muito exigentes com nós mesmos e não aceitamos errar, perdemos tempo demais remoendo os fracassos e paramos de avançar.

Se estamos passando por uma fase de aridez espiritual, em que nossas emoções parecem anestesiadas e não nos sentimos confortados nem mesmo durante as orações, isso não significa que estamos rezando de forma errada, quanto mais que fomos abandonados pelo Nosso Pai. Deus pode nos privar de sentimentos de consolação, o que provoca uma sensação de vazio, mas faço questão de lembrar que esse vácuo não é a ausência de Deus, mas uma presença velada, que chamo de "silêncio de Deus". Muitas vezes, pode até mesmo se tratar de uma oportunidade de crescer espiritualmente: diante da falta de respostas, podemos nos empenhar mais em obtê-las.

No teto da Capela Sistina, o famoso afresco pintado por Michelangelo, conhecido como "A Criação de Adão", mostra os dedos indicadores do primeiro homem e do Criador separados por um espaço muito pequeno. Eles quase se tocam. É sintomático percebermos que, na concepção do artista, Deus está com o dedo esticado, reto, enquanto o de Adão, que representa toda a humanidade, está virado para baixo. Bastava deixá-lo reto, e Adão tocaria o dedo de Deus. Outra observação é a de que Deus aparece apoiado pelos anjos, fazendo um esforço visível para alcançar Adão, indicando que o Altíssimo sempre quer mais. Já Adão encontra-se em uma posição confortável, meio largado, com a mão em gesto descendente, ou seja, não está voltada para o alto.

Essas alegorias evidenciam a discrepância entre a vontade de Deus e a vontade do homem. Pelo Pai, já teríamos sido tocados, encontrados; estaríamos plenos de Sua presença.

*Q*uando nos convertemos, é como se conseguíssemos "emendar", "arranjar", "harmonizar" todos os fios desconexos dessa história, e não necessariamente começar uma nova. A conversão é uma junção de pontas que ficaram perdidas no meio do caminho e que, uma vez unidas, nos permitem enxergar a linha de Deus em nossa vida. É dessa forma que podemos trabalhar os acontecimentos mais trágicos pelos quais passamos e encontrar sentido para tocar a vida. Trata-se de ressignificar a dor sentida, ter domínio sobre todos os pensamentos negativos e parar de sofrer. Sempre que necessário, podemos caminhar até esses momentos mais sombrios acompanhados do Senhor e "emendar" aquelas pontas que estão soltas no bordado da nossa vida.

Temos de ser altruístas, amar o próximo como a nós mesmos, estar sempre dispostos a ajudar, rezar pelos enfermos, mas sem nos esquecermos de nós mesmos.

Isso não contradiz em nada os princípios do cristianismo. Pelo contrário: é legitimado pelo próprio exemplo de Jesus, que era inteiro por excelência. Ele tinha a Sua missão muito bem resolvida consigo mesmo.

Não crie expectativas quanto à existência de atalhos para o caminho da santificação. Jesus mesmo disse: "Quem quer me seguir, tome a sua cruz e me siga" (cf. Mt

16, 24). E ainda: "Neste mundo sereis caluniados, sofrereis. Neste mundo tereis grandes dificuldades, mas quem perseverar até o fim será salvo" (cf. Mt 24, 9-13).

*C*onfesso que tenho um pé atrás com pessoas que querem ser "pseudocaridosas". São verdadeiras "UTIs" para resolver os problemas dos outros, mas, muitas vezes, estão se escondendo, negligenciando o autoconhecimento, evitando o enfrentamento das próprias sombras. Estão sempre com a sirene ligada apagando o incêndio dos outros, mas nunca os seus. Na verdade, quanto melhor estivermos com nós mesmos, mais podemos nos dedicar aos outros.

Se amamos, rezamos pela pessoa amada. Santa Teresinha do Menino Jesus disse: "Pensar numa pessoa que se ama é rezar por ela." O amor leva à oração e à intercessão. Propicia, ainda, que tomemos as dores da salvação da alma e do corpo da outra pessoa. Por isso, quem ama se torna padrinho ou madrinha de oração daquele em favor do qual a prece é proferida.

*S*e dizemos que amamos a Deus, mas não amamos nossos irmãos, estamos descumprindo o maior de todos os mandamentos: "Amar a Deus sobre todas as coisas e amar o próximo como a si mesmo" (Mt 22, 34-40). É impossível fazermos de Deus objeto do nosso amor e desprezarmos nossos semelhantes, uma vez que Ele está presente no outro. Quando amamos nossos irmãos, expressamos o amor divino. Por isso, o mundo injusto e a falta de caridade ofendem o princípio criador de Deus.

Jesus é a Verdade! Não a verdade do mundo, que é idêntica a analgésico: tira a dor, mas não cura. A verdade do mundo fascina, ludibria, cega e engana. Já a Verdade de Deus, a única com V maiúsculo, muitas vezes dói, mas sempre liberta. A felicidade que buscamos, e sei que todos a buscamos, só encontraremos em Deus, por Jesus. Não depositemos a razão de nossa felicidade em pessoas, não arrisquemos todos os trunfos da nossa vida em alguém. Arrisquemos no Senhor, pois Ele é fiel (cf. 1 Cor 1, 9).

Perigosos são os conselhos quando dados sem uma vida de oração. Destrutivos são os conselhos recebidos nas mesas de botequins ou grupos de fofoqueiras!

O mundo está cada vez mais povoado. Pessoas vão e vêm trombando umas nas outras, nas ruas, nas repartições e elevadores, mas quase ninguém se conhece e partilha experiências. Solitários em meio à multidão, pouco falamos de nossos sentimentos e pouco ouvimos os outros. Não há tempo. Não queremos arrumar tempo, pois ouvir compromete.

A atitude de consolar é apresentada, na Tradição da Igreja, como uma obra de misericórdia, e mais do que nunca ela é uma virtude a ser exercitada no cotidiano.

Voltar os olhos para as tragédias alheias, aguçar os ouvidos para escutar os soluços dos que sofrem, oferecer o ombro para deixar reclinar quem chora, estender a mão para levantar quem tropeça e cai... Hoje consolamos, amanhã seremos consolados.

O perdão é uma exigência do Evangelho e uma condição para entrar no Reino. Jesus nos dá essa lição ao ensinar a oração do Pai-nosso: "Se perdoardes aos homens as suas ofensas, vosso Pai celeste também vos perdoará. Mas, se não perdoardes aos homens, tampouco vosso Pai vos perdoará" (Mt 6, 14-15).

Se nós não perdoamos, impedimos que o perdão de Deus chegue a nós. Negar o perdão nos leva um ato de injustiça para com Deus, para com nós mesmos e para com os irmãos.

A maturidade de uma vida em Cristo consiste em conseguir viver, o mais plenamente possível, as três virtudes teologais: fé, esperança e caridade. Desse modo, ser maduro na fé é crer, esperar e amar. A meta e a busca, o ideal do cristão batizado, é ser uma pessoa que crê, que espera e que ama. Eis a receita para a felicidade. Para a única felicidade real.

Deus nos convida a um banquete em que nos podemos sentar à mesa, mas às vezes ficamos só com os farelinhos. Não fiquemos com as migalhas quando temos um banquete à nossa disposição! Deus quer nos dar mais, Deus quer nos saciar. Deus quer mais conosco. Deixemos Ele agir!

São João da Cruz fala sobre a gula espiritual, isto é, de uma relação com Deus que só serve para nossa satisfação. Nesse caso, rezamos apenas porque nos sentimos bem. No entanto, qual é o fim da oração: nós mesmos ou Deus? Nós valorizamos demais as emoções; contudo, a fé não é sentimento! Fé sem razão é fanatismo. Cuidemos para não fazer de nossos ritos religiosos apenas um estado emocional, apenas uma busca de satisfação, apenas uma compensação de nossas neuroses.

Se alguém diz: "Deus não me responde!", ele está mentindo. Como é que nós queremos ouvir a Deus? Queremos que Ele nos segure, nos chacoalhe e diga: "Filho, agora sou Eu que falo"!?

O que precisamos mais além de cada Eucaristia, de Sua Palavra? O que precisamos mais para perceber os sinais de Deus agindo e se manifestando nos acontecimentos da história?

É só olharmos para a nossa vida. Façamos a leitura de nossa história. Olhemos para este último ano, para os acontecimentos que se sucederam em nossas famílias, para os acontecimentos espirituais. Não estão cheios de Deus, de Sua manifestação discreta e doce?

Santa Teresa de Ávila disse: "Ser humilde é andar com a verdade."

Deus é a verdade, e portanto humildade é busca da verdade, é andar na presença de Deus.

Você sabe identificar alguém humilde?

Humilde é aquele que se põe a serviço numa atitude de alegria e não se deixa afetar nem pelas honras, nem pelas desonras. Ele não se deixa afetar pela calúnia, ao passo que também não se coloca como merecedor de nada.

Humilde também é quem nunca está com o olhar sobre as faltas dos outros, sobre os pecados alheios. É aquele que tem consciência de suas fraquezas e age com caridade. Nisso, diferencia-se do do soberbo, para quem todo erro alheio é motivo de fuxico.

À medida que conhecemos a vida de nossos santos, compreendemos que não foram pessoas diferentes de nós, que não tiveram superpoderes, mas antes foram pessoas simples, que atenderam o chamado de Deus e viveram a vocação à santidade. Os santos são pessoas que foram fiéis até o fim, que quiseram entregar cada instante da vida a Cristo.

Os testemunhos de vida dos santos podem servir de apoio para nossa caminhada de fé. Rezemos para que, assim como eles, possamos vencer os obstáculos. A graça de Deus há de nos manter firmes como discípulos missionários de

Jesus, firmes na esperança de um dia também contemplar a glória de Deus.

Se a vida está um inferno, apague o fogo. Trace metas. Pontue os erros cometidos. Estabeleça virtudes a serem buscadas. Identifique razões que o levem a ter esperança. Encontre o que lhe traga alegria ao acordar a cada manhã. Nenhum santo — nem mesmo um santo de clausura — viveu para a passividade.

Direção editorial
Daniele Cajueiro

Editor responsável
Hugo Langone

Produção editorial
Adriana Torres
André Marinho

Revisão
Carolina Leocadio

Capa
Larissa Fernandez Carvalho

Foto
Washington Possato

Projeto gráfico de miolo e diagramação
Futura

Este livro foi impresso em 2019
para a Petra.